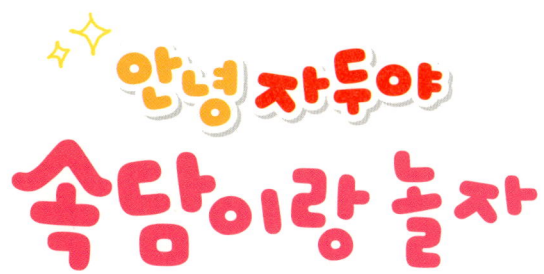

안녕 자두야 속담이랑 놀자

2015년 10월 20일 초판 1쇄 발행
2019년 11월 15일 초판 5쇄 발행

그림 | 이형진
글 | 정명숙

펴낸이 | 정동훈
편집전무 | 장정숙
펴낸곳 | (주)학산문화사
등록 | 1995년 7월 1일 제3-632호
주소 | 서울시 동작구 상도로 282 학산빌딩
전화 | 편집문의 828-8872~3, 주문전화 828-8985
팩스 | 816-6471(편집부), 823-5109(영업부)

편집 | 송미진, 김상범
디자인 | 장현순
마케팅 책임 | 최낙준
마케팅 | 김관동, 이경진, 심동수, 고정아, 고혜민, 서행민
제작 | 김장호, 김종훈, 정은교, 박재림

ⓒ이빈, 이형진, 정명숙 2015
ISBN 979-11-256-4474-3 74370
　　　979-11-256-4475-0(세트)

※이 책은 저작권법에 따라 한국 내에서 보호받는 저작물이므로 무단 전재와 무단 복제를 금합니다.
　이 책의 전부 또는 일부를 이용하려면 반드시 저작권자와 출판사의 동의를 받아야 합니다.
※잘못된 책은 바꾸어 드립니다.

안녕 자두야 속담이랑 놀자

이빈·이형진 그림·정명숙 글 (유석초 교감)

채우리

머리말

자두와 함께 속담이랑 놀아 보는 건 어때?

학교에서도 집에서도 공부, 공부, 공부…….

공부 때문에 머리가 아프다구?

그런 친구들을 위해 재미있는 놀잇감을 하나 소개해 줄게.

바로 우리의 말괄량이 자두랑 함께 즐기는 속담 놀이란다.

속담이란 예로부터 전해지는 조상들의 지혜가 담긴 표현을 말해.

대개 짧은 문장의 형태로 표현되어 있지.

이 짧은 문장 속에는 재치와 교훈이 가득 담겨 있어

우리에게 많은 가르침을 주지.

"고래 싸움에 새우 등 터진다."라는 속담을 보자.

'힘센 자들이 싸우는 틈바구니에서 약한 자가

중간에 끼어 공연히 피해를 입게 됨'을 의미한단다.

이처럼 속담은 직접적으로 뜻을 전달하기보다는

비유적으로 표현하는 특징이 있어.

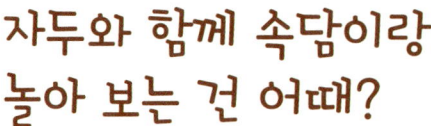

이런 속담을 배워 두면 참 유용하게 쓰일 거야.

다른 사람들 앞에서 속담을 인용해 근사하게 말할 수 있고,

글도 쓸 수 있어. 덩달아 너희들의 어휘력과 표현력도

쑥쑥 업그레이드 될 거고!

그래도 속담 퀴즈는 어려울 것 같다고?

초성으로 살짝 힌트가 나가니까 금방 알아맞힐 수 있을 거야.

8개의 초성 퀴즈 중에서 쉬운 것부터 먼저 풀어 보는 것은 어떨까?

그래야 자신감을 갖고 어려운 문제도 풀어 볼 용기가 생길 테니까.

그리고 자두의 속담 일기도 꼭 읽어 봐!

일기 쓰기를 싫어하거나 어려워하는 친구들에게 도움이 될 거야.

속담도 익히고, 일기도 쓰고, '일석이조'가 따로 없네.

자두랑 함께 풀어 보는 아주아주 재미있는 두뇌 놀이,

우리 모두 속담이랑 신나게 놀지 않을래?

정명숙

차례

ㄱ으로 시작하는 속담 _8

초성 퀴즈 **열두 동물 띠 속담** _24
자두의 속담 일기 **귀신이 곡할 노릇** _25

초성 퀴즈 **곤충 관련 속담** _40
자두의 속담 일기 **도토리 키 재기** _41

ㄴㄷㅁ으로 시작하는 속담 _42

초성 퀴즈 **하늘에 사는 동물 속담** _58
자두의 속담 일기 **수박 겉핥기** _59

초성 퀴즈 **나무 관련 속담** _74
자두의 속담 일기 **피는 물보다 진하다** _75

ㅂㅅㅇ으로 시작하는 속담 _76

초성 퀴즈 **바다에 사는 동물 속담** _92
자두의 속담 일기 **만나자 이별** _93

초성 퀴즈 **땅에 사는 동물 속담** _110
자두의 속담 일기 **금강산도 식후경** _111

ㅈㅊㅋㅌㅍㅎ으로 시작하는 속담 _112

초성 퀴즈 **강에 사는 동물 속담** _128
자두의 속담 일기 **더도 말고 덜도 말고 늘 가윗날만 같아라** _129

초성 퀴즈 **꽃, 열매, 채소 속담** _146
자두의 속담 일기 **가갸 뒤 자도 모른다** _147

★ 찾아보기 _148

1 가까운 이웃이 먼 친척보다 낫다

엄마 아빠가 여행을 가요. 아이들은 어떡하죠?
광주 이모도, 부산 고모도 못 봐준대요. 고맙게도 같은 동네에
사는 민지 엄마가 돌봐줄 테니까 걱정 말래요. 후유~!
이웃끼리 서로 친하게 지내다 보면 먼 곳에 있는 친척보다
더 친하게 되어 서로 도우며 살게 된다는 말이에요.

비슷한 속담 가까운 남이 먼 일가보다 낫다.

2 가는 날이 장날

엄마 생일 선물을 사러 백화점에 갔어요.
그런데 하필이면 정기 휴일이지 뭐예요.
엄마는 뽈내고 큰소리친 아빠는 안절부절…….
모처럼 마음먹고 간 일이 계획대로 잘 되지 않았을 때
쓰이는 말이에요.

3 가는 말이 고와야 오는 말이 곱다

은희가 먼저 "이 바보야, 그것도 못하냐?"라며 짜증을 냈어요. 그러자 자두도 "저도 못하면서 어디서 충고질이야."라고 화를 냈어요. 자기가 남에게 말이나 행동을 좋게 해야 남도 자기에게 좋게 한다는 말이에요.

비슷한 속담 가는 떡이 커야 오는 떡이 크다.
가는 정이 있어야 오는 정이 있다.
엑 하면 떽 한다.

4 가는 세월 오는 백발

해가 가면 갈수록 할머니 얼굴에 주름살이 늘어나요.
덩달아 하얀 머리카락도 늘어나요. 주름살도 쫙 펴지고,
까만 머리카락도 나게 하는 그런 약은 어디 없을까요?
세월이 가면 나이를 먹고 늙는다는 말이에요.

단어의 뜻 [세월] 흘러가는 시간. [백발] 하얗게 센 머리털.

5 가다 말면 안 가느니만 못하다

엄마가 살빼기용 러닝머신을 사 왔어요.
하지만 사흘도 못 가 러닝머신은 옷걸이 신세가 되고 말았어요.
아빠는 하지도 못할 거면서 뭐 하러 샀냐며 투덜투덜…….
무슨 일을 하다가 중간에서 그만두려면 차라리
처음부터 안 하는 것이 낫다는 말이에요.

6 가랑비에 옷 젖는 줄 모른다

돼지 저금통의 돈이 감쪽같이 사라졌어요.
매일매일 동전을 꺼내 과자를 사 먹은 애기가 범인이에요.
삼대독자라도 이런 나쁜 행동은 절대 용서하면 안 되겠죠?
아무리 사소한 것이라도 그것이 거듭되면 무시하지 못할 정도로
크게 될 수 있으니까 주의하라는 말이에요.

단어의 뜻 [가랑비] 가늘게 내리는 비로 이슬비보다 굵어요.

7 가랑잎이 솔잎더러 바스락거린다고 한다

"우쭈쭈, 내가 없어서 심심했지?" 미미가 곰인형에게 속삭여요.
"시끄러, 모처럼 공부하는 데 방해되잖아!"
자두가 꽥 소리를 질러요. 누가 더 시끄러운 걸까요?
더 바스락거리는 가랑잎이 솔잎더러 바스락거린다고
나무란다는 뜻으로, 자기의 잘못은 생각하지
않고 도리어 남의 잘못을 탓하는 경우에
쓰이는 말이에요.

비슷한 속담 겨울바람이 봄바람 보고 춥다 한다.

8 가재는 게 편

"자두는 천하장사래요." 윤석이가 따라다니면서 놀려요.
"에잇, 나쁜 형. 나한테 맞아 볼래?" 애기가 뿅망치를 들고 쫓아가요. 가족이라고 애기가 자두 편을 들어 줘요.
사정이나 형편이 서로 비슷한 사람끼리 한편이 된다는 말이에요.

비슷한 속담 검둥개는 돼지편. 솔개는 매 편.

9 가지 많은 나무에 바람 잘 날 없다

자두는 남학생의 코뼈를 부러뜨리고, 미미는 공주 드레스를 사 달라고 떼쓰고, 애기는 여자아이한테 맞고 들어오고……. 속이 상한 엄마는 '무자식 상팔자'라며 한탄했어요. 가지 많은 나무가 바람에 잘 흔들리듯 자식 많은 부모는 걱정이 떠날 때가 없다는 뜻이에요.

고사성어 [무자식 상팔자(無子息 上八字)]
자식이 없는 것이 도리어 걱정이 없이 편하다는 뜻.

10 간에 붙었다 쓸개에 붙었다 한다

윤석이 너, 어제는 자두가 최고로 예쁘다고 추켜세워 주더니, 오늘은 뭐 은희가 최고 예쁘다고? 여기 붙었다 저기 붙었다 도대체 네 진심은 뭐니? 자신의 이익에 따라 이쪽에 붙었다 저쪽에 붙었다 하는 사람을 비꼬아 이르는 말이에요.

고사성어 [부간부념통(附肝附念通)] 간에 붙었다 쓸개에 붙었다 한다는 뜻.

단어의 뜻 [간] 사람의 내장 중 가장 큰 기관의 하나. [쓸개] 간의 아래쪽에 붙어 소화액을 만드는 작은 내장.

감나무 밑에 누워서 홍시 떨어지기를 기다린다

"감아, 떨어져라." 애기가 감나무 밑에 누워 입을 벌려요.
"바보야, 감을 먹고 싶으면 이렇게 해야지."
자두가 나무에 올라가요.
"엄청 맛있어. 너도 먹고 싶으면 올라와."
아무런 노력도 안 하면서 좋은 결과가
이루어지기만을 바랄 때 쓰는
말이에요.

단어의 뜻 [홍시] 물렁하게 잘 익은 감.

12 같은 값이면 다홍치마

한복을 사러 갔어요. 자두는 '초록색 저고리에 다홍치마'를 골랐어요. 옛날에 다홍색 치마는 왕비만이 입을 수 있었던 한복이래요.
이왕이면 더 좋은 쪽을 택한다는 말이에요.

고사성어 [동가홍상(同價紅裳)]
같은 값이면 다홍치마가 낫다는 뜻.

13 개구리 올챙이 적 생각 못 한다

엄마는 어렸을 때 공부를 참 잘했대요. 그래서 시험을 못 보면
엄청 혼을 내셔요. 근데 참 이상한 건요, 외할머니랑 말이 너무너무
다르다는 거예요. 지난날 어렵던 때의 일을 생각지 아니하고
처음부터 잘난 듯이 뽐냄을 이르는 말이에요.

14 개똥도 약에 쓰려면 없다

"학용품이 무조건 단돈 10원, 단 10원짜리만 가능!"
놀라운 가격의 행사가 열렸어요. 주머니와 가방을 다 뒤져도 10원은
없었어요. 무시했던 10원이 오늘따라 엄청 귀하게 보였어요.
평소에 흔해 빠져서 귀하게 여기지 않던 것도
막상 쓰려고 찾으면 없다는 뜻이에요.

비슷한 속담 쇠똥도 약에 쓰려면 없다.
고양이 똥도 약에 쓰려면 없다.
까마귀 똥도 약에 쓰려면 오백 냥이라.

15 거미도 줄을 쳐야 벌레를 잡는다

아이들이 잠자리채를 휘두르며 신나게 뛰어다녀요.
"잡았다!" "나도 잡았다!" 애기만 울상이에요. 잠자리채를
안 가져와서 한 마리도 못 잡았거든요. 무슨 일이든지
준비가 되어 있어야 좋은 결과를 얻을 수 있다는 말이에요.

16 고래 싸움에 새우 등 터진다

아빠 때문에 화가 난 엄마가 주부 파업을 선언했어요.
그 바람에 자두와 동생들은 하루 종일 쫄쫄 굶어야 했어요.
에휴~! 부부 싸움은 이제 그만!
힘센 자들이 싸우는 틈바구니에서 약한 자가 중간에 끼어
공연히 피해를 입게 된다는 말이에요.

반대 속담 [새우 싸움에 고래 등 터진다]
아랫사람이 저지른 일로 인하여
윗사람이 피해를 입게 된다는 말.

고사성어 [경전하사(鯨戰蝦死)]
고래 싸움에 새우 등 터진다는 뜻.

열두 띠 동물 속담

01 ⓢ 도 도망갈 구멍을 보고 쫓는다.

02 ⓢ 가는 데 말 간다.

03 ⓗ ⓡ ⓞ 도 제 말 하면 온다.

04 사자 없는 산에 ⓣ ⓚ 가 왕 노릇 한다.

05 개천에서 ⓞ 난다.

06 ⓑ 을 그리고 발까지 단다.

07 ⓜ 은 나면 제주도로 보내고 사람은 나면 서울로 보내라.

08 이리 앞의 ⓞ .

09 ⓞ ⓢ ⓞ 흉내 내듯.

10 ⓓ 의 볏이 될지언정 소의 꼬리는 되지 마라.

11 ⓖ 눈에는 똥만 보인다.

12 ⓓ ⓢ 멱따는 소리.

정답 ①쥐 ②소 ③호랑이 ④토끼 ⑤용 ⑥뱀 ⑦말 ⑧양 ⑨원숭이 ⑩닭 ⑪개 ⑫돼지

자두의 속담일기
숨은그림찾기

○○년 3월 30일 흐림

귀신이 곡할 노릇
신기하고 기묘하여 그 속내를 알 수 없음을 이르는 말.

찾아보기 돼지, 문어, 달팽이, 모자, 비행기, 캥거루, 개구리, 횃불

처음으로 받아쓰기 시험을 치는 날이다. 그런데 필통이 없었다. 아침에 분명히 가방에 넣었는데……. 귀신이 곡할 노릇이다. 필통에 발이 달렸나?

17 고양이 목에 방울 달기

"쨍그랑~!" 교장실의 유리창을 깨뜨렸어요.
서로 네가 가라며 떠밀었어요.
교장 선생님께 가는 건 쥐가 고양이 목에 방울을 다는 것처럼 힘든 일이거든요.
실행에 옮길 자신도 없으면서 공연히 의논만 하는 것을 뜻하는 말이에요.

고사성어 [묘항현령(猫項懸鈴)]
고양이 목에 방울을 단다는 뜻.

18 고양이 보고 반찬 가게 지키라는 격이다

"이건 아빠 거니까 절대 먹으면 안 돼." 엄마가 당부해요. 침이 꼴깍꼴깍, 참을 수가 없어요. 하나 먹고, 또 하나 먹고……. 치킨이 몽땅 애기의 뱃속으로 들어가고 말았어요. 믿을 수 없는 사람에게 중요한 일을 맡길 때 쓰는 말이에요.

비슷한 속담 고양이 앞에 고기반찬. 고양이한테 생선을 맡기다.

19 공든 탑이 무너지랴

마이산에 갔어요. 사람이 하나하나 쌓아 올렸다는 집채만 한 돌탑이 셀 수도 없이 많았어요. 태풍이 불어와도 끄떡없다는 신비한 돌탑 앞에서 자두는 소원을 빌었어요.
힘과 정성을 다하여 한 일은 그 결과가 반드시 헛되지 않는다는 말이에요.

20 구더기 무서워 장 못 담글까

"언니가 오디션에 간 걸 알면 엄청 혼날 텐데."
미미가 걱정해요. "내 꿈이 개그우먼인 거 알지?
엄마한테 혼나도 내 갈 길은 갈 거라구."
자두는 손에 힘을 불끈 쥐었어요.
다소 방해되는 것이 있다 하더라도 마땅히 할 일은
하여야 함을 이르는 말이에요.

21 구렁이 담 넘어가듯

"갑자기 친구 아버님이 돌아가셔서……."
아빠의 전화에 엄마가 코웃음을 쳐요.
"능구렁이처럼 어디서 또 거짓말이에요.
멀쩡히 살아 계신 거 다 아니까 당장
집에 들어와욧!"
일을 분명하고 깔끔하게 처리하지 않고
얼렁뚱땅 넘어가려고 할 때 쓰는 말이에요.

비슷한 속담 괴 다리에 기름 바르듯.
메기 등에 뱀장어 넘어가듯.

22 구슬이 서 말이라도 꿰어야 보배다

아빠는 만들기의 달인이에요. 창고에도 다락에도
아빠가 만든 기발한 발명품이 가득해요.
"팔리지도 않는데 만들기만 하면 뭐 해욧!"
엄마는 발명품을 툭툭 차고 다녀요.
아무리 훌륭하고 좋은 것이라도 쓸모 있게
다듬어야 값어치가 있음을 이르는 말이에요.

단어의 뜻 [서 말] 부피의 단위. 한 말은 한 되의 열 배로 서 말은 약 18리터.

23 굴러 온 돌이 박힌 돌 뺀다

선물이 산더미를 이룰 정도로 남학생들에게
인기짱이었던 자두가 말이야, 예쁜 여학생이
전학 온 뒤로는 한 개도 받지 못했대.
자두 정말 속상하겠당~!
새로 생긴 것이 이미 있는
것을 밀어내고 자리를
차지한다는 말이에요.

비슷한 속담 굴러 온 돌한테 발등 다친다.

단어의 뜻 [굼벵이] 매미의 애벌레. 누에와 비슷하게 생겼으나 몸의 길이가 짧고 뚱뚱함.

24 굼벵이도 구르는 재주가 있다

"딸기가 전국 글짓기 대회에 나가 대상을 받았대. 아무것도 못하는 애인 줄 알고 무시했는데 다시 봐야 할 것 같아. 오늘따라 딸기가 멋져 보이지 않니?"
은희가 호들갑을 떨어요.
능력이 없어 보이는 사람도 한 가지 재주는 있음을 이르는 말이에요.

25 그림의 떡

고사성어 [화중지병(畵中之餠)] 그림의 떡이라는 뜻.

피자 광고를 봐요. 자두가 입맛을 다셔요.
아이스크림 광고를 봐요. 미미가 입맛을 다셔요.
치킨 광고를 봐요. 애기가 입맛을 다셔요.
그래도 먹을 수 없어요. 텔레비전이니까요.
보기는 하여도 먹을 수도 없고 가질 수도 없어
실제로는 아무 소용이 없다는 말이에요.

26 길고 짧은 것은 대어 보아야 안다

"넌 뚱뚱해서 안 돼." 은희가 쌀쌀맞게 말해요.
"뚱뚱해서 댄스 동아리에 못 든다고?
내가 얼마나 잘 추는지 똑똑히 봐."
돌돌이가 음악에 맞춰 춤을 춰요.
물 찬 제비 같아요. 잘하고
못하는 것은 실제로 겨루어
보거나 겪어 보아야
알 수 있다는 말이에요.

27 꼬리가 길면 밟힌다

자두가 학원을 빼먹고 놀아요. 하루 이틀 사흘 나흘……
계속 놀아요. "따르릉~ 자두가 많이 아픈가요?
일주일째 학원을 안 왔어요." 전화 한 통에 탄로가 나고
말았어요. 나쁜 일을 아무리 남모르게 한다고 해도
오래 두고 여러 번 계속하면 결국에는
들키고 만다는 말이에요.

비슷한 속담 고삐가 길면 밟힌다.

28 꿈보다 해몽이 좋다

민지의 생일이에요. 초대를 받지 못한 자두는 무척 속상했어요. '나를 초대하지 못하는 사정이 있겠지.' 좋은 쪽으로 돌려 생각하니까 속상한 마음이 풀렸어요. 하찮거나 언짢은 일을 그럴듯하게 돌려 생각하여 좋게 풀이한다는 말이에요.

단어의 뜻 [해몽] 꿈에 나타난 일을 풀어서 좋고 나쁨을 판단함.

29 꿩 먹고 알 먹기

심심해서 애기랑 놀아 줬을 뿐인데 엄마한테 칭찬도 받고
용돈까지 듬뿍 받았지 뭐야. 누이 좋고 매부 좋고,
도랑 치고 가재 잡고. 이런 걸 유식하게 일석이조라고 하지.
한 가지 일을 하여 두 가지 이상의 이익을 보게 될 때 쓰는 말이에요.

고사성어 [일석이조(一石二鳥)] 돌 한 개를 던져 새 두 마리를 잡는다는 뜻으로, 동시에 두 가지 이득을 본다는 뜻.

30 꿩 대신 닭

비슷한 속담 봉 아니면 꿩이다.

학급 생일파티를 해요. 초코파이 30개를 쌓아 올려 케이크를 만들어요. 아이들은 진짜 케이크도 좋지만 모두 함께 나눠 먹을 수 있는 초코파이도 좋다며 맛있게 먹어요. 꼭 적당한 것이 없을 때 그와 비슷한 것으로 대신하는 경우에 쓰는 말이에요.

곤충 관련 속담

01 ㄱ ㅁ 는 작아도 탑을 쌓는다.

02 꽃이 좋아야 ㄴ ㅂ 가 모인다.

03 고치를 짓는 것이 ㄴ ㅇ 다.

04 굼벵이가 지붕에서 떨어지는 것은 ㅁ ㅁ 될 셈이 있어 떨어진다.

05 ㅁ ㄱ 보고 칼 빼기.

06 ㅂ 은 쏘아도 꿀은 달다.

07 ㅂ ㄷ 잡으려고 초가삼간 태운다.

08 뛰면 ㅂ ㄹ 이요 날면 파리.

09 ㅂ ㄷ ㄱ 앞에서 주름 잡는다.

10 ㅅ ㅊ ㅇ 는 솔잎을 먹어야 한다.

11 홀아비는 ㅇ 가 서 말이고 홀어미는 은이 서 말이라.

12 두꺼비 ㅍ ㄹ 잡아먹듯 한다.

정답 ①개미 ②나비 ③누에 ④무엇 ⑤모기 ⑥벌 ⑦빈대 ⑧벼룩 ⑨번데기 ⑩송충이 ⑪이 ⑫파리

자두의 속담일기
숨은그림찾기

○○년 4월 5일 맑음

도토리 키 재기
정도가 고만고만한 사람끼리 서로 다툼을 이르는 말.

찾아보기 뱀, 집, 부채, 신발, 코끼리, 비이커, 고추, 배, 연필

식목일에 나무를 심으러 갔다. 미미와 애기는 서로 자기가 심은 나무가 더 크다고 우겼다. 아빠는 고만고만한 것들이 도토리 키 재기한다며 허허허 웃었다.

31 나 먹기는 싫어도 남 주기는 아깝다

"너 그거 안 쓰잖아. 나 주면 안 돼? 꼭 필요한 물건이거든."
자두가 부탁해요. "싫어, 쓰레기통에 들어가는 한이 있어도
너한테는 안 줄 거야." 은희가 팩 쏘아붙여요.
자신에게 딱히 쓸모없지만 아까워서 남에게 못 준다는 말이에요.

비슷한 속담 나 먹자니 싫고 개 주자니 아깝다.

32 나쁜 소문은 날아가고 좋은 소문은 기어간다

자두가 소문난 말썽꾸러기라는 건
학교에 있는 아이들이 다 아는 사실이에요.
하지만 자두가 남몰래 착한 일을 한다는 건
몇몇 친구들만 알고 있어요.
나쁜 소문은 빨리 퍼지고 반대로 좋은 소문은
오히려 늦게 알려진다는 말이에요.

단어의 뜻 [낙숫물] 처마 끝에서 떨어지는 물.
[댓돌] 낙숫물이 떨어지는 곳에 놓은 돌.

33 낙숫물이 댓돌을 뚫는다

발명왕으로 유명한 에디슨은 2,000번의 실패 끝에 전구를 발명했대요. 자두도 결심했어요.
"나도 2,000번의 실험을 해서 공부를 안 해도 머리가 똑똑해지는 기계를 발명할 거야."
작은 힘이라도 꾸준히 계속하면 큰일을 이룰 수 있다는 말이에요.

비슷한 속담 남의 밥에 든 콩이 굵어 보인다.
남의 꽃은 붉게 보인다.
남의 밥그릇은 높아 보이고 자기 밥그릇은 낮아 보인다.

34 남의 떡이 더 커 보인다

급식 시간에 닭다리가 나왔어요.
"어라, 내 것이 더 작네. 바꾸자!"
돌돌이가 말해요.
"아냐, 네 것이 더 커 보여. 다시 바꾸자!"
돌돌이는 자꾸 자기 것만 작다고 해요.
자기 것보다 남의 것이 더 좋아 보여
욕심을 낸다는 말이에요.

35 남의 잔치에 감 놓아라 배 놓아라 한다

"자두 말을 들으니 은희 네가 잘못했네."
"은희 말을 들으니 자두 네가 잘못했네."
남학생들이 잘 알지도 못하면서 중간에
끼어들어 자꾸 싸움을 부추겨요.
남의 일에 공연히 간섭하고 나섬을
이르는 말이에요.

비슷한 속담 사돈네 제사에 가서 감 놓아라 배 놓아라 한다.

고사성어 [타인지연왈리왈시(他人之宴曰梨曰柿)]
남의 잔치에 감 놓아라 배 놓아라 한다는 뜻.

36 낫 놓고 기역 자도 모른다

애기는 자꾸 '자음'을 '알파벳'이라고 우겨요. 영어 '엘'이 아니라
한글 '니은'이라고 가르쳐 줘도 자꾸 '엘'이라고 해요.
'엘'은 알아도 '니은'을 모르는 애기가 참 걱정돼요.
기역 자 모양으로 생긴 낫을 보면서도 기역 자를
모른다는 뜻으로, 아주 무식할 때
쓰는 말이에요.

누나들이 뭘 모르시네~.

37 낮말은 새가 듣고 밤말은 쥐가 듣는다

"운동하러 나가는 척하고 영화관에서 기다릴 테니까 애들 떼놓고 나와요."
아빠의 말에 엄마가 나갈 채비를 해요.
그 말을 엿들은 자두와 미미도
따라나설 준비를 해요.
아무리 비밀히 한 말이라도 반드시
남의 귀에 들어가게 된다는 말이에요.

38 내 코가 석 자

자두는 애기 좀 봐 달라는 엄마의 부탁을 들어줄 수 없었어요. 밀린 일기도 써야 하고, 숙제도 해야 하고, 문제집도 풀어야 하고……. 밤을 새도 모자랄 판이었거든요.
내 사정이 급하고 어려워서 남을 돌볼 여유가 없을 때 쓰는 말이에요.

고사성어 [오비삼척(吾鼻三尺)]
내 코가 석 자라는 뜻.

단어의 뜻 [석 자] 자는 길이의 단위.
한 자는 약 30.3cm, 석 자는 약 90.9cm.

39 너무 아끼다가 똥 된다

"우와, 내가 좋아하는 빵이다! 아껴 먹어야지."
미미가 빵을 먹지 않고 보관해요.
며칠 후, 빵에 까만 곰팡이가 피었어요.
미미가 울음을 터뜨려요.
"내 빵 누가 이랬어. 으앙~!" 필요할 때
써야지 무조건 아끼기만 한다면 나중에는
쓰지도 못한 채 버리게 된다는 말이에요.

40 누울 자리 봐 가며 발 뻗어라

아빠는 또 술 먹고 늦게 들어오고, 자두는 또 학원 빼먹고……. 엄마가 뿔났어요. 눈치도 없이 애기가 엄마에게 장난감 사 달라고 떼를 써요. 엄마는 괜히 애기한테 화풀이해요. 어떤 일을 할 때 그 결과가 어떻게 되리라는 것을 생각하여 미리 살피고 일을 시작하라는 말이에요.

비슷한 속담 이부자리 보고 발을 펴라.

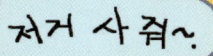

누워서 침 뱉기

"선생님 자두가요, 숙제 안 해 왔대요."
은희가 선생님께 고자질을 해요.
"지난번에 자두 신발을 숨긴 일은 사과했니?"
선생님이 물어요. 은희가 입을 삐죽여요.
남을 해치려고 하다가 도리어 자기가
해를 입게 된다는 말이에요.

비슷한 속담 내 얼굴에 침 뱉기.
하늘 보고 침 뱉기.

42 눈에는 눈, 이에는 이

"자두는 성훈이를 사랑한대요."
은희가 화장실 벽에 낙서를 했어요.
화가 난 자두는 바로 옆에 이렇게 썼어요.
"이 낙서를 한 은희는 성훈이를 하늘만큼 땅만큼 사랑한대요."
해를 입은 만큼 앙갚음하는 것을 이르는 말이에요.

43 다 된 죽에 코 빠졌다

붓글씨를 써요. 한 글자 한 글자 정성들여 써요. "다 썼다." 말하는 순간 윤석이가 팔을 치고 달아나요. 까만 먹물이 후두둑 하얀 종이 위로 떨어져 내려요. 다 망쳤어요. 거의 다 된 일을 망쳐 버리는 주책없는 행동을 뜻해요.

비슷한 속담 다 된 죽에 코 풀기.

44 달걀로 바위 치기

애기와 아빠가 씨름을 해요.
애기는 아빠를 이기려고 낑낑대요.
하지만 아빠는 바위처럼
꿈쩍도 안 해요. 아빠에게 번쩍 들려
내동댕이쳐진 애기가 엉엉 울어요.
도저히 이길 수 없는 경우에
쓰는 말이에요.

45 닭 잡아먹고 오리발 내민다

"내가 절대로 안 가져갔거든." 바로 코앞에서 가져가 놓고도 안 가져갔다고 우겨요. "이거 우리 아빠가 생일 선물로 사 주신 거거든!" 은희는 거짓말하는 데 선수예요. 옳지 못한 일을 저질러 놓고 엉뚱한 수작으로 속여 넘기려 한다는 뜻이에요.

46 닭 쫓던 개 지붕 쳐다보듯

윤석이는 자두를 좋아해요. 고백을 하려고 장미꽃 10송이도 준비했어요. 그런데, 성훈이가 먼저 선수를 쳤어요. 장미꽃이 무려 100송이. 허걱! 정말 허무한 일이에요. 애써 하던 일이 실패로 돌아가 어찌할 도리가 없음을 이르는 말이에요.

고사성어 구축계옥지제[狗逐鷄屋只睇]
닭 쫓던 개 지붕 쳐다본다는 뜻.

단어의 뜻 [선수] 남이 하기 전에 앞질러 하는 행동.
[허무] 매우 허전하고 쓸쓸함.

속담이랑 놀자
하늘에 사는 동물 속담

01 공중에 나는 ㄱ ㄹ ㄱ 도 길잡이는 한 놈이 한다.

02 ㄲ ㅊ 배 바닥 같다.

03 ㄲ ㅁ ㄱ 날자 배 떨어진다.

04 ㄷ ㅅ ㄹ 는 파리를 못 잡는다.

05 ㅁ 가 꿩을 잡아 주고 싶어 잡아 주나.

06 욕심은 ㅂ ㅇ ㅇ 같다.

07 ㅃ ㄲ ㄱ 도 유월이 한철이라.

08 ㅅ ㄱ 가 뜨자 병아리 간 곳 없다.

09 짝 잃은 ㅇ ㅇ.

10 ㅊ ㅅ 가 죽어도 짹 한다.

11 꿩 무리에 ㅎ.

12 촉새가 ㅎ ㅅ 를 따라가다 가랑이 찢어진다.

정답 ①기러기 ②까치 ③까마귀 ④두섬리 ⑤매 ⑥바웃이 ⑦뻐꾸기 ⑧솔개 ⑨원앙 ⑩참새 ⑪학 ⑫황새

자두의 속담일기
숨은그림찾기

○○년 5월 5일 맑음

수박 겉핥기
사물의 속 내용은 모르고 겉만 건드리는 일을 이르는 말.

찾아보기 장구, 고무신, 박쥐, 펜촉, 눈사람, 텐트, 공룡, 샌드위치, 방패연, 주사기

어린이날 놀이공원에 갔다. 어찌나 사람이 많은지 놀이 기구는 제대로 타 보지도 못했다. 수박 겉핥기 식으로 남이 타는 것만 구경하다 왔다. 참 재미없었다.

47 돌다리도 두들겨 보고 건너라

징검다리를 건너던 아빠가 물에 풍덩 빠졌어요.
엄마는 고소하다며 깔깔깔 웃어요.
위험한지 살펴보고 건너라는 엄마의 충고를
무시하다 벌어진 일이니까요.
잘 아는 일이라도 세심하게 주의를
하라는 말이에요.

비슷한 속담 아는 길도 물어 가랬다.
얕은 내도 깊게 건너라.

비슷한 속담 한 되 주고 한 섬 받는다.

48 되로 주고 말로 받는다

미술 시간이에요. 준비물을 안 가져온 친구에게 색종이 10장을 빌려 주었어요. 며칠 뒤 색종이는 100장이 되어 돌아왔어요. 10장이 100장으로 뻥튀기된 셈이네요.
조금 주고 그 몇 배나 많이 되돌려 받는다는 말이에요.

49 될성부른 나무는 떡잎부터 알아본다

엄마는 윤석이보다 성훈이가 더 좋대요.
공부도 잘하고 예의도 바른 아이라서
나중에 큰 인물이 될 거래요.
자두의 예비 신랑감이라나 뭐라나요. 우욱~!
잘될 사람은 어려서부터 남달리
장래성이 엿보인다는 말이에요.

50 등잔 밑이 어둡다

아빠가 소파에 누워 물어요.
"애기야, TV 리모컨 못 봤니? 아무리 찾아봐도 없어."
애기가 대답해요. "아빠는 바보야. 발밑에 있는데도 못 찾고."
가까이에 있는 물건이나 사람을 잘 찾지 못함을
이르는 말이에요.

고사성어 [등하불명(燈下不明)]
등잔 밑이 어둡다는 뜻.

51 떡 줄 사람은 꿈도 안 꾸는데 김칫국부터 마신다

화이트데이에 성훈이가 사탕을 가져왔어요.
'저건 분명히 날 주려고 가져온 거야.'
은희가 기대를 해요.
하지만 사탕은 자두에게 가 버리고 말았어요.
정작 해 줄 사람은 생각지도 않는데 미리부터 다 된 일로 알고 행동한다는 말이에요.

52 똥 묻은 개가 겨 묻은 개 나무란다

"자두 이빨에 불났다!"
윤석이가 큰 소리로 놀려요.
"네 이빨엔 커다란 김 끼었거든. 넌 거울도
안 보니? 킥킥킥!" 자두가 크게 웃어요.
윤석이의 얼굴이 새빨개져요.
자기는 더 큰 흉이 있으면서 도리어
남의 작은 흉을 본다는 말이에요.

비슷한 속담 똥 묻은 접시가 재 묻은 접시를 흉본다.
뒷간 기둥이 물방앗간 기둥을 더럽다 한다.
그슬린 돼지가 달아맨 돼지 타령한다.

53 뛰는 놈 위에 나는 놈 있다

"아싸, 내가 제기 왕이다."
아빠를 이긴 자두가 두 손을 번쩍 들어 올렸어요.
"도전!" 엄마는 재빠른 발놀림으로 단숨에
자두의 기록을 깨뜨려요. 엄마는 제기 왕 중의 왕이에요.
아무리 재주가 뛰어나다 하더라도 그보다
더 뛰어난 사람이 있다는 뜻이에요.

비슷한 속담 나는 놈 위에 타는 놈 있다.
기는 놈 위에 나는 놈이 있다.

54 마른하늘에 날벼락

"선생님이 오늘 일기장 검사한대."
반장의 말에 아이들이 화들짝 놀라요.
"한동안 검사 안 하시더니 갑자기
뭔 일이래. 난 일기장도 없는데
어떡하지?" 자두가 발을 동동 굴러요.
예상치 못한 불행이나 재난을
뜻하는 말이에요.

비슷한 속담 맑은 하늘에 벼락 맞겠다.

55 마파람에 게 눈 감추듯

편식쟁이 미미가 많이 배고팠나 봐요. 밥을 한 톨도
안 남기고 눈 깜짝할 새에 다 먹어 버렸으니까요.
"반찬 투정을 할 때는 굶기는 게 최고야. 호호호!"
엄마가 웃어요.
음식을 순식간에 재빨리 먹어치울 때
쓰는 말이에요.

비슷한 속담 사냥개 언 똥 삼키듯. 두꺼비 파리 잡아먹듯. 남양 원님 굴회 마시듯.

단어의 뜻 [마파람] 뱃사람들의 은어로 남쪽에서 불어오는 바람인 남풍을 이르는 말.

56 말 한마디에 천 냥 빚도 갚는다

"잘했어. 네가 최고야!"라고 말해 준 것뿐인데,
딸기는 그 보답으로 콘서트 티켓을 구해 주었어요.
"꺄악~ 내가 좋아하는 연예인이다!"
자두는 좋아서 펄쩍펄쩍 뛰었어요.
말만 잘하면 어려운 일이나 불가능해 보이는 일도
해결할 수 있다는 말이에요.

고사성어 [일자천금(一字千金)]
말 한마디에 천 냥 빚도 갚는다는 뜻.

57 말이 씨가 된다

애기가 귀찮게 자꾸 졸졸 따라다녀요.
"애기가 없어지면 좋겠어." 자두가 말했어요.
그런데 애기가 정말 사라진 거예요.
어쩌죠? 아까 한 말이 자꾸 맘에 걸리네요.
늘 말하던 것이 마침내 사실대로 되었을 때
쓰이는 말이에요.

58 못된 송아지 엉덩이에 뿔난다

애기가 고삐 풀린 망아지처럼 자꾸 못된 짓만 해요.
다른 아이의 장난감을 망가뜨리지 않나,
아무 데서나 소리를 꽥꽥 지르지 않나,
오냐오냐했더니 갈수록 버르장머리가 나빠져요.
성품이나 행동이 바르지 못한 사람이 나쁜 짓만
골라 가며 한다는 뜻이에요.

59 물에 빠진 놈 건져 놓으니 보따리 내놓으라 한다

동네 꼬마가 울고 있어요. 자두는 괴롭히는 아이들을
혼내 주었어요. 그런데 꼬마가 또 울어요.
"친구들이 모두 가 버렸잖아. 이게 다 누나 때문이야."
참 어이가 없었어요.
남에게 은혜를 입고서도 고마운 줄 모르고
생트집을 잡을 때 쓰는 말이에요.

다 가버렸잖아!

도로 다 불러와!

비슷한 속담 물에 빠진 놈 건져 놓으니 망건 값 달라 한다.

60 믿는 도끼에 발등 찍힌다

"자두의 엉덩이에 몽고반점이 있대."
친구들이 수군거려요. 자두는 창피한 것보다 단짝인 민지가
그런 말을 퍼뜨리고 다녔다는 것이 더 속상했어요.
철석같이 믿고 있던 사람에게 배신을 당할 때 쓰는 말이에요.

단어의 뜻 [몽고반점] 갓난아이의 엉덩이, 등, 허리, 손등, 발등 따위에 멍든 것처럼 퍼렇게 되어 있는 얼룩점.

고사성어 [지부작족(知斧斫足)] 믿는 도끼에 발등 찍힌다는 뜻.

나무 관련 속담

01 ㄱ ㅅ ㄴ ㅁ 에 가시가 난다.
02 ㄷ ㄴ ㅁ 에서 대 난다.
03 ㄷ ㅊ ㄴ ㅁ 에 연 걸리듯.
04 귀신에 ㅂ ㅅ ㅇ ㄴ ㅁ 방망이.
05 잘못한 것 없이도 ㅅ ㄱ ㄴ ㅁ .
06 못된 ㅅ ㄴ ㅁ 에 솔방울만 많다.
07 십 리 밖에 있어도 ㅇ ㄹ ㄴ ㅁ .
08 ㅂ ㄴ ㅁ 에서 배 열리지 감 안 열린다.
09 ㅇ ㄷ ㄴ ㅁ 만 보아도 춤을 춘다.
10 ㅇ ㅎ ㄴ ㅁ 도 마주 서야 연다.
11 소나무가 말라 죽으면 ㅈ ㄴ ㅁ 가 슬퍼한다.
12 ㅊ ㄴ ㅁ 에서 떨어지는 도토리 멧돼지가 먹으면 멧돼지 것이고 다람쥐가 먹으면 다람쥐 것이다.

정답 ① 가시나무 ② 대나무 ③ 대추나무 ④ 박쇠양나무 ⑤ 생가나무 ⑥ 소나무 ⑦ 오리나무 ⑧ 배나무 ⑨ 오동나무 ⑩ 은행나무 ⑪ 잣나무 ⑫ 참나무

자두의 속담일기

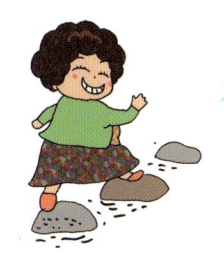

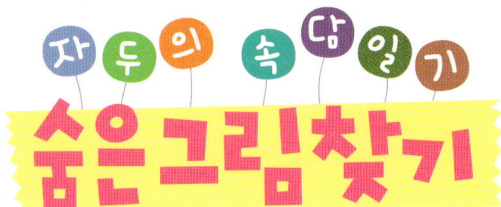

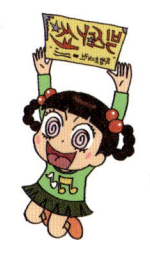

숨은그림찾기

피는 물보다 진하다

혈육의 정은 다른 어떤 것보다 깊음을 이르는 말.

○○년 6월 6일 비

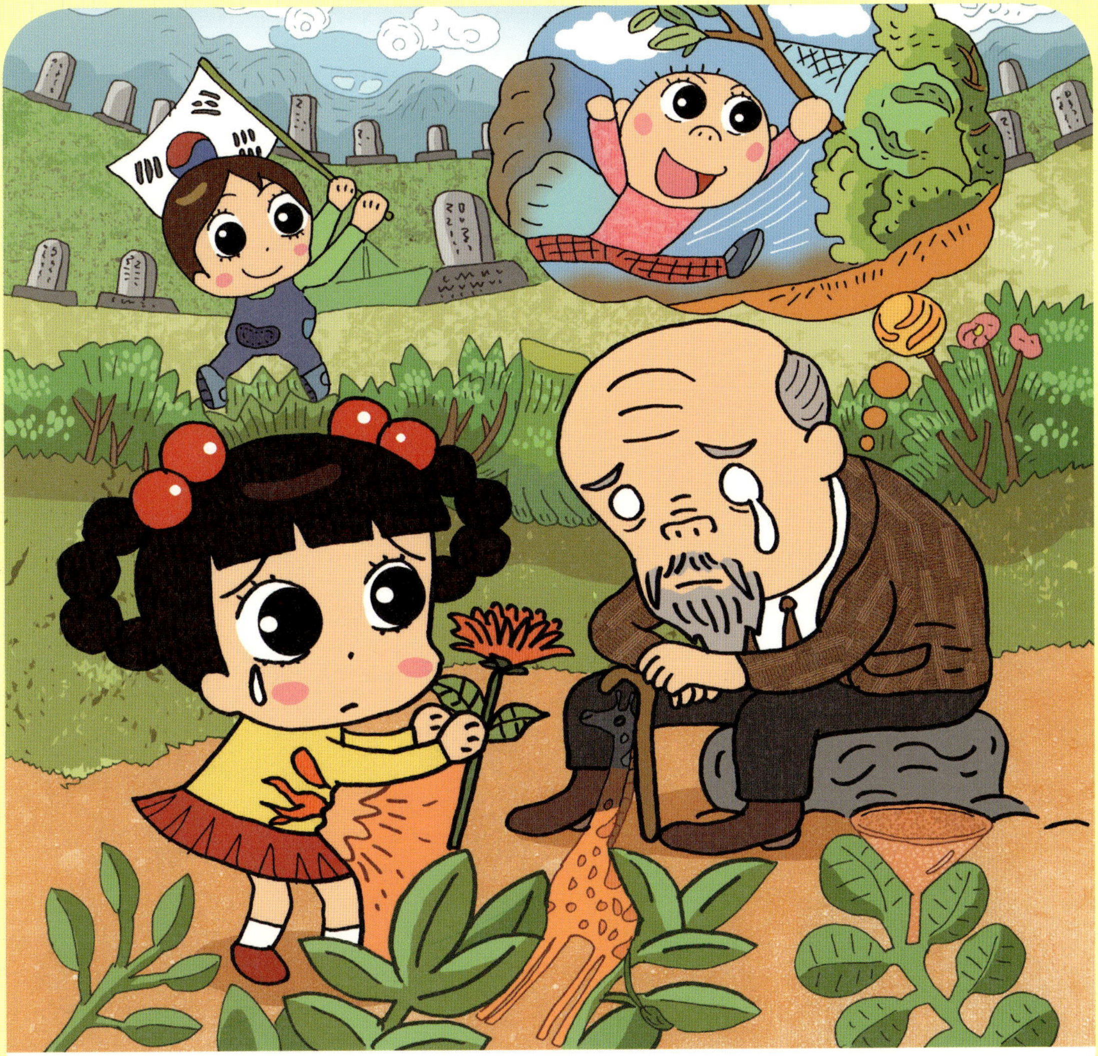

찾아보기 자동차, 종이배, 식빵, 아이스크림, 막대사탕, 놀부모자(정자관), 고무장갑, 깔대기, 화산, 기린

현충일이다. 할아버지는 전쟁 때 헤어진 동생이 생각난다며 자꾸 우신다. 60년이 지났는데도 잊지 못하고 계속 그리워하신다. 피는 물보다 진하다는 말을 이해할 것 같다.

61 바늘 가는 데 실 간다

자두가 심부름을 가요. 춘향이 가는 데 향단이도 가야 한다며 민지가 따라나서요. 그러자 춘향이 가는 데 이 도령도 가야 한다며 성훈이도 따라나서요. 이놈의 인기는……. 실과 바늘처럼 두 사람이 서로 떼려야 뗄 수 없는 사이일 때 쓰는 말이에요.

> **비슷한 속담** 바람 가는 데 구름 간다.
> 구름 가는 데 비가 간다.
> 봉 가는 데 황 간다.
> 용 가는 데 구름 가고 범 가는 데 바람 간다.

62 바늘 도둑이 소 도둑 된다

비슷한 속담 바늘 쌈지에서 도둑이 난다.

"친구 장난감을 들고 오면 못 써!" 엄마가 애기를 호되게 꾸짖어요. 친구 엄마는 괜찮다고 하는데 엄마는 단호하게 말해요. "지금 꾸짖지 않으면 나중에 큰 잘못을 하게 돼요." 작은 나쁜 짓도 자꾸 하게 되면 큰 죄를 저지르게 된다는 뜻이에요.

63 발 없는 말이 천 리 간다

"그 말 누구한테 들었니?" 자두가 물어요.
민지는 돌돌이한테, 돌돌이는 윤석이한테,
윤석이는 미미한테, 미미는 엄마한테…….
결국 엄마가 소문을 낸 범인이었어요.
사람의 입에서 나오는 말은 비록 발이 없지만
천 리 밖까지도 순식간에 퍼진다는 뜻이에요.

고사성어 [무족지언비우천리(無足之言飛于千里)]
발 없는 말이 천 리 간다는 뜻.

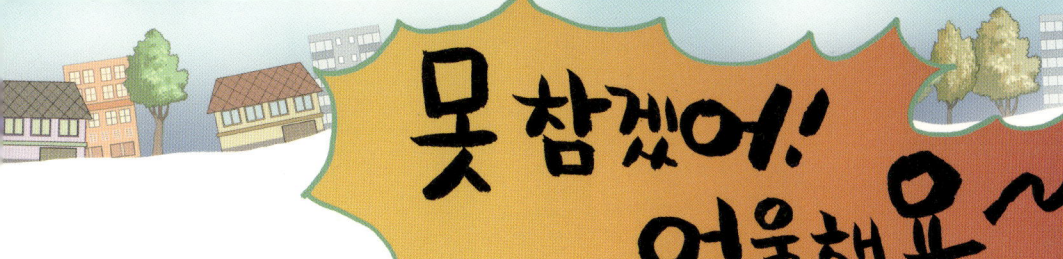

64 방귀 뀐 놈이 성낸다

민지가 은희 때문에 속상해서 울어요.
선생님이 은희를 혼내요.
은희는 아무 잘못이 없다고 펄펄 뛰어요.
왜 자기만 나무라느냐고 오히려 화를 내요.
잘못을 저지른 쪽에서 오히려 남에게
성냄을 비꼬는 말이에요.

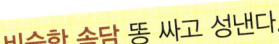
비슷한 속담 똥 싸고 성낸다.

65 배보다 배꼽이 더 크다

선물로 받은 상자를 열어요. 작은 상자가 또 있어요. 작은 상자를 여니 더 작은 상자, 더 작은 상자를 여니 더 더 작은 상자…….
어휴, 어떻게 선물보다 상자가 더 많지요?
마땅히 커야 할 것이 작고 작아야 할 것이 오히려 크다는 말이에요.

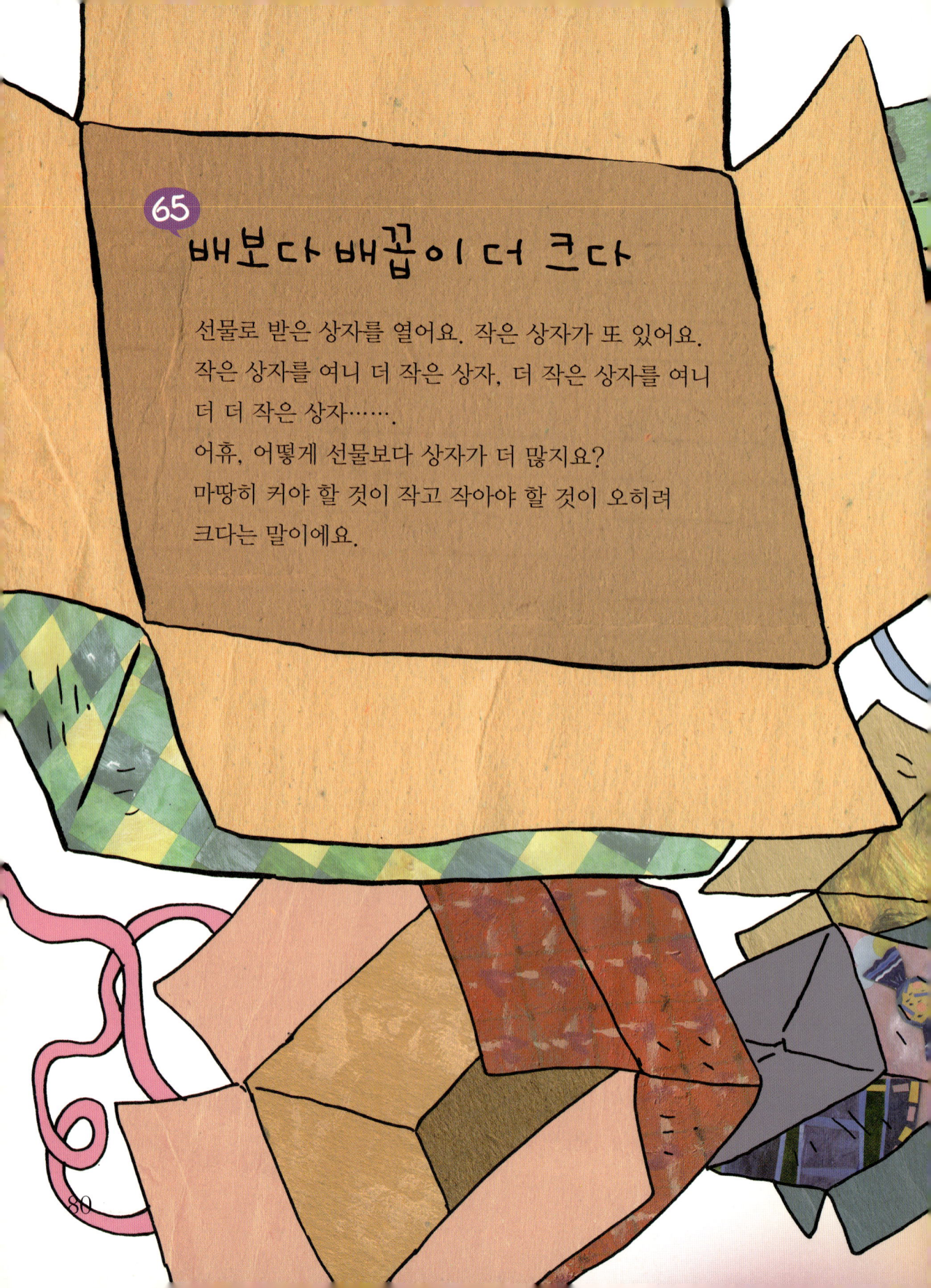

66 백지장도 맞들면 낫다

딸기가 혼자 남아 청소를 해요. 자두가 도와줘요.
덩달아 성훈이도 윤석이도 도와줘요.
여럿이 힘을 합치니 순식간에 청소가 끝났어요.
쉬운 일이라도 서로 도우면 훨씬 하기가
쉽다는 뜻이에요.

단어의 뜻 [백지장] 하얀 종이의 낱장.

67 벼 이삭은 익을수록 고개를 숙인다

세계인의 존경을 받는 교황이 거지의 발에
입을 맞추는 장면을 보았어요. 자두도 교황처럼 되고 싶어
때가 꼬질꼬질한 애기의 발에 입을 맞추었어요.
"으윽, 고린내~!"
훌륭한 사람일수록 교만하지 않고 겸손하다는 뜻이에요.

비슷한 속담 병에 찬 물은 저어도 소리가 나지 않는다.

68 불난 집에 부채질 한다

자두가 선생님께 혼나요. 나뭇가지로 칼싸움 놀이를 하다 친구를 다치게 했어요.
"그 나뭇가지는 주운 게 아니고 꺾은 거래요."
은희가 일러요. 자두는 두 배로 혼이 났어요.
화가 나 있는 사람의 화를 더 돋우거나 곤란한 사람을 더 곤란하게 할 때 쓰는 말이에요.

비슷한 속담 불난 데 풀무질한다.
끓는 국에 국자 휘젓는다.
불난 집에 키 들고 간다.

69 빈 수레가 요란하다

"너희들 〈견물생선〉이라는 말 아니? 무식한 너희들이 어떻게 알겠니?" 은희가 잘난 체를 해요.
'〈견물생선〉이 아니라 〈견물생심〉인데…….'
딸기가 조용히 혼잣말을 해요.
실속 없는 사람이 겉으로 더 떠들어 댐을 이르는 말이에요.

고사성어 [견물생심] 물건을 보면 욕심이 생긴다는 뜻의 사자성어.

비슷한 속담 빈 깡통이 소리는 더 난다.

70 빛 좋은 개살구

수박을 샀어요. 겉모습이 반질반질한 게 무척
먹음직스러워 보여요. 그런데 막상 잘라서 먹어 보니 맛이
없었어요. 겉이 예쁘다고 속도 예쁜 것은 아닌가 봐요.
겉만 번지르르하고 그에 맞는 알찬 내용이나
실속이 없음을 이르는 말이에요.

단어의 뜻 [개살구] 개살구나무의 열매로 살구보다 맛이 시고 떫음.

71 사공이 많으면 배가 산으로 간다

돌돌이는 떡볶이를 하자고 우기고,
성훈이는 햄버거를 하자고 우기고,
윤석이는 스파게티를 하자고 우기고,
한 시간이 다가도록 어떤 요리를 할지
정하지 못했어요. 에휴~!
여러 사람이 자기주장만 내세우면
일이 제대로 되기 어려움을 이르는 말이에요.

72 사촌이 땅을 사면 배가 아프다

어린이날 기념 체육대회 날, 자두가 모범 어린이상을 받았어요.
"상은 예쁜 내가 받아야지 못생긴 자두가 상을 받는다는 게 말이 돼?"
은희는 샘이 나서 박수도 치지 않았어요.
남이 잘되는 것을 기뻐해 주지는 않고 오히려 질투하고 시기하는 경우를 이르는 말이에요.

단어의 뜻 [사촌] 아버지의 친형제 자매의 아들이나 딸과의 촌수.

가짜 박수

휴우~, 아이고 배야~!

73 생일날 잘 먹으려고 이레를 굶는다

유명한 요리사의 식사 초대를 받았어요.
엄마는 아침부터 굶고 갔어요.
모양은 그럴싸했는데 생각보다 맛은 없었대요.
기대가 크면 실망도 큰가 봐요.
어떻게 될지도 모를 앞일을
미리부터 지나치게 기대한다는 말이에요.

단어의 뜻 [이레] 일곱 날.

서당 개 삼 년이면 풍월을 읊는다

명동에서 유명한 국수집을 하는 삼촌은요,
처음부터 요리사가 되고 싶었던 게 아니래요.
할머니가 해 오던 일인데, 옆에서 도와주다가
그 직업을 갖게 되었대요.
어떤 분야에 대하여 아무것도 모르던 사람이라도
그 부문에 오래 있으면 자연스럽게
지식과 경험이 쌓인다는 말이에요.

고사성어 [당구풍월(堂狗風月)]
서당 개 삼 년이면 풍월을 읊는다는 뜻.

비슷한 속담 독서당 개가 맹자왈 한다.

75 세 살 버릇 여든까지 간다

아빠가 코딱지를 파요.
"어릴 때부터 그러더니 아직도 파낼 코딱지가 남았니?"
할머니의 핀잔에 엄마가 웃어요.
무심코 코를 후비던 애기도 깜짝 놀라 할머니를 쳐다봐요.
어릴 때 몸에 밴 버릇은 늙어 죽을 때까지 고치기 어려우므로
나쁜 버릇이 들지 않도록 잘 가르쳐야 함을 이르는 말이에요.

고사성어 [삼세지습지우팔십(三歲之習至于八十)]
세 살 버릇 여든까지 간다는 뜻.

비슷한 속담 어릴 적 버릇은 늙어서까지 간다.

바다에 사는 동물 속담

01 ㄱ 를 똑바로 기어가게 할 수는 없다.

02 ㄱ ㄹ 그물에 새우가 걸린다.

03 ㄱ ㅊ 가 갈치 꼬리 문다.

04 개 꼬락서니 미워서 ㄴ ㅈ 산다.

05 눈 본 ㄷ ㄱ 비 본 청어.

06 ㅁ ㅇ 제 다리 뜯어먹는 격.

07 ㅁ ㅌ 대가리 하나는 놀랍지 않아도 고양이 소위가 괘씸하다.

08 ㅅ ㄹ 가 똥 누러 가니 소라게 기어들었다.

09 ㅅ ㅇ 가 뛰니까 망둥이도 뛴다.

10 ㅈ ㄱ 와 황새의 싸움.

11 ㅈ ㅇ 굽는 냄새에 나갔던 며느리 다시 돌아온다.

12 물에 뜬 ㅎ ㅍ ㄹ 같다.

정답: ①게 ②갈치 ③꽁치 ④낚지 ⑤대구 ⑥문어 ⑦명태 ⑧수달 ⑨숭어 ⑩조기 ⑪정어 ⑫해파리

자두의 속담일기 숨은그림찾기

OO년 7월 7일 비

만나자 이별
서로 만나자마자 곧 헤어짐을 이르는 말.

찾아보기 바나나, 훌라후프, 투명테이프, 타이어, 바구니, 고래, 토끼, 갈매기, 은행잎

음력 7월 7일은 견우와 직녀가 오작교에서 만나는 날이다. 딱 한 번의 만남이 허락된 날, **만나자 이별**이라서 그런가? 비가 죽죽 내린다. 견우와 직녀가 흘리는 눈물인가 보다.

76 소 잃고 외양간 고친다

개를 도둑맞았어요. 헐거운 개집이 문제였어요.
엄마는 아빠에게 화를 퍼부었어요.
"그렇게 고치라고 했는데 개를 잃고 난 뒤
이제야 고치면 뭐 해욧!"
일이 이미 잘못된 뒤에는 손을 써도
소용이 없음을 비꼬는 말이에요.

고사성어 [망우보뢰(亡牛補牢)]
소 잃고 외양간 고친다는 뜻.

비슷한 속담 말 잃고 외양간 고친다.
도둑맞고 사립 고친다.

77 쇠귀에 경 읽기

"1+1=2" 자두가 애기에게 수학을 가르쳐요.
"아니야. 빵 한 개를 먹고
또 빵 한 개를 먹으면 빵 개가 되니까 빵이야.
바보같이 누난 그것도 몰라?"
애기가 되려 누나를 가르쳐요.
아무리 가르치고 일러 주어도
알아듣지 못할 때 쓰이는 말이에요.

고사성어 [우이독경(牛耳讀經)]
쇠귀에 경 읽는다는 뜻.

빵이 두 개라고!

몰라 몰라 빵을 하나 먹고, 또 하나 먹으면 빵 개라고! 빵 개.

78 싸움은 말리고 흥정은 붙이랬다

"폭력은 안 돼!" 친구들이 싸우면 적극적으로 말리고, "우리 봉사하러 가자." 좋은 일에는 먼저 나서는 이런 친구 어디 없을까요?
나쁜 일은 하지 못하도록 말리고 좋은 일은 이루어지도록 도와줘야 한다는 뜻이에요.

단어의 뜻 [흥정] 물건을 사고팔 때 값을 정하는 일.

79 싼 것이 비지떡

연필이 10자루에 100원이래요.
엄청 싸서 자두도 사고 미미도 샀어요.
그런데 쓸 때마다 연필심이 뚝뚝 부러져요.
싸다고 무조건 좋은 건 아니네요.
싼 물건은 품질이 떨어진다는 말이에요.

80 아니 땐 굴뚝에 연기 날까

"알나리깔나리, 알나리깔나리! 미미는 파파를 좋아한대요, 좋아한대요!" 아이들이 놀린다고 미미가 울어요.
"너희들이 맨날 손을 잡고 다니니까 그런 거잖아."
자두가 말해 줘요.
원인이 없으면 결과가 있을 수 없음을 이르는 말이에요.

비슷한 속담 아니 때린 장구 북소리 날까.
뿌리 없는 나무에 잎이 필까.

81 아닌 밤중에 홍두깨

아빠가 달밤에 체조를 해요.
자두는 물구나무를 서고, 애기는 춤을 춰요.
"오밤중에 잠도 안 자고 셋이서 뭐 하는 거예욧."
엄마가 소리를 질러요.
별안간 엉뚱한 말이나 행동을 함을
이르는 말이에요.

비슷한 속담 어두운 밤에 주먹질.

82 어물전 망신은 꼴뚜기가 시킨다

"아프리카 새깜둥이 세수하나마나."
윤석이의 놀림에 영어 선생님이 말해요.
"나 아프리카 아니고 미국 사람이에요. 까맣다고 놀리면 못 써요."
윤석이가 친구라는 게 무척 창피해요.
못난 것이 동료를 망신시키는 짓만 저지른다는 말이에요.

비슷한 속담 과일 망신은 모과가 시킨다.

83 열 번 찍어 아니 넘어가는 나무 없다

처녀 때 엄마는 참 예뻤대요. 그래서 아빠가 결혼하자고 계속 쫓아다녔대요. 거절해도 쫓아오고, 거절해도 쫓아오고, 계속 쫓아다니니까 귀찮아서 결혼을 해 준 거래요.
아무리 뜻이 굳은 사람이라도 여러 번 권하거나 꾀고 달래면 결국은 마음이 변한다는 말이에요.

고사성어 [십벌지목(十伐之木)]
열 번 찍어 아니 넘어가는 나무 없다는 뜻.

84 우는 아이 젖 준다

"엄마, 계란!" 애기가 칭얼대요.
엄마는 얼른 계란을 삶아 줘요.
"우린 안 줘요?" 자두와 미미가 항의하자
엄마가 말해요. "너희들은 아무 말도 안 했잖아."
무슨 일에 있어서나 자기가 요구하여야
쉽게 구할 수 있음을 이르는 말이에요.

고사성어 [읍아수유(泣兒授乳)]
우는 아이 젖 준다는 뜻.

85 우물에 가 숭늉 찾는다

"여보, 빨리 밥 줘!" 아빠가 재촉해요.
이제 쌀 씻어 안쳤다는 엄마의 말이
안 들리나 봐요. "남편 굶겨 죽이려고 작정했어.
밥 달라구, 밥!" 이럴 땐 아빠가 애기 같아요.
일의 순서도 모르고 성급하게 덤비는
경우를 이르는 말이에요.

비슷한 속담 보리밭에 가 숭늉 찾는다.
타작마당에 가서 숭늉 찾겠다.
메밀밭에 가서 국수를 달라겠다.
싸전에 가서 밥 달라고 한다.

87 원수는 외나무다리에서 만난다

"어렸을 때 나를 따라다니며 괴롭히던 놈을 만났지 뭐야. 하필이면 우리 집 앞으로 이사를 온대. 으윽, 절대 용서할 수 없어."
아빠가 씩씩거렸어요.
꺼리고 싫어하는 대상을 피할 수 없는 곳에서 공교롭게 만나게 됨을 이르는 말이에요.

고사성어 [독목교원가조(獨木橋冤家遭)]
원수는 외나무다리에서 만난다는 뜻.

88 원숭이도 나무에서 떨어진다

"털썩~!" 자두가 철봉에서 떨어져요.
"철봉의 달인이 떨어질 때도 다 있네."
아이들이 깜짝 놀라요.
"손이 미끄러워서 말이야."
자두가 겸연쩍은 듯 머리를 긁적여요.
아무리 잘하는 사람이라도 간혹 실수할 때가 있다는 말이에요.

비슷한 속담 닭도 홰에서 떨어지는 날이 있다.

89 윗물이 맑아야 아랫물이 맑다

자두와 미미가 숙제도 안 하고 놀기만 해요.
"언니가 공부도 안 하고 놀기만 하니까 미미도 똑같이 따라하잖아. 으이구!" 엄마가 자두의 머리에 꿀밤을 먹여요.
윗사람이 잘하면 아랫사람도 따라서 잘하게 된다는 말이에요.

90 이 없으면 잇몸으로 산다

요리 실습 시간이에요. 어쩌지요?
깜빡 잊고 머릿수건을 안 가져왔네요.
아하, 비닐봉투를 머리에 뒤집어쓰면 되겠네요.
진짜 요리사 같지 않나요? 여러분도 해 보세요.
요긴한 것이 없으면 안 될 것 같지만,
없으면 없는 대로 그럭저럭 살아나갈 수
있다는 말이에요.

고사성어 [치망순역지(齒亡脣亦支)]
이 없으면 잇몸으로 산다는 뜻.

땅에 사는 동물 속담

01 재주는 ㄱ 이 넘고 돈은 주인이 받는다.

02 ㄱ ㅅ ㄷ ㅊ 도 제 새끼만은 곱다고 쓰다듬는다.

03 쥐 잡아먹은 ㄱ ㅇ ㅇ .

04 도련님은 ㄷ ㄴ ㄱ 가 제격이라.

05 ㄷ ㄷ ㅈ 혼인 같다.

06 ㄷ ㄷ ㅈ 쳇바퀴 돌듯.

07 ㄷ ㅍ ㅇ 도 집이 있다.

08 ㅇ ㄹ 가 짖으니 개가 꼬리를 흔든다.

09 ㅇ ㅅ 물똥 누는 것 보았나.

10 닭 길러 ㅈ ㅈ ㅂ 좋은 일 시킨다.

11 ㅋ ㄲ ㄹ 는 생쥐가 제일 무섭다.

12 느릿느릿 걸어도 ㅎ ㅅ 걸음.

정답 ① 곰 ② 고슴도치 ③ 고양이 ④ 당나귀 ⑤ 두더지 ⑥ 다람쥐 ⑦ 두꺼비 ⑧ 아랫 ⑨ 암소 ⑩ 족제비 ⑪ 코끼리 ⑫ 황소

자두의 속담일기
숨은그림찾기

○○년 8월 15일 맑음

금강산도 식후경
아무리 재미있는 일이라도 배가 불러야 흥이 나지 배가 고파서는 아무 일도 할 수 없음을 뜻하는 말.

찾아보기 배추, 물고기, 빨래집게, 닭다리, 거북이, 호미, 표범, 알밤, 종이비행기, 리본

야영장으로 캠핑을 갔다. 점심때를 놓쳐서 배가 무척 고팠다. 허겁지겁 라면을 끓여 먹었다. 금강산도 식후경이라고 배를 채우고 나니 그제야 멋진 경치가 눈에 들어왔다.

91 자라 보고 놀란 가슴 솥뚜껑 보고 놀란다

"으악, 뱀이다." 윤석이가 가짜 뱀으로 자두를 놀래켜요. 자두의 심장이 멎는 것 같아요. 그 뒤로 자두는 고무줄만 보고도 깜짝깜짝 놀래요.
어떤 사물에 몹시 놀란 사람은 비슷한 사물만 보아도 겁을 냄을 이르는 말이에요.

비슷한 속담 더위 먹은 소 달만 보아도 헐떡인다.
뜨거운 물에 덴 놈 숭늉 보고도 놀란다.
불에 놀란 놈이 부지깽이만 보아도 놀란다.
고슴도치한테 혼난 범이 밤송이 보고도 놀란다.

92 작은 고추가 더 맵다

돌돌이와 자두가 팔씨름을 해요.
돌돌이는 덩치가 크고, 자두는 덩치가 작아요.
모두 돌돌이가 이길 거래요. 하지만 예상을
뒤엎고 자두가 이겼어요. 작다고 무시했다간 큰일 나요.
몸집이 작은 사람이 큰 사람보다 재주가 뛰어나고
야무짐을 이르는 말이에요.

비슷한 속담 고추보다 후추가 더 맵다.

93 제 똥 구린 줄 모른다

"다른 친구들이 널 놀리면 좋겠니?
입장 바꿔 생각해 봐." 자두의 말에
은희가 코웃음을 쳐요.
"흥, 난 놀림 당할 만한 일을 한 적이 없어.
그리고 걘 놀림 당해도 싼 애라구."
자기의 허물을 깨닫지 못할 때 쓰이는 말이에요.

94 제비는 작아도 강남 간다

할머니는 미미를 참 좋아해요.
쪼끄만 해도 야무져서 하나도 버릴 데가
없대요. 나중에 누가 미미를 데려갈지
참 복 받은 놈이라고 입버릇처럼 말해요.
모양은 비록 작아도 제 할 일은
다 한다는 말이에요.

비슷한 속담 제비는 작아도 알만 잘 낳는다.
거미는 작아도 줄만 잘 친다.

95 좋은 약은 입에 쓰다

"약을 먹어야 감기가 낫지."
엄마가 달래도 애기는 약이 쓰다고 뱉어내요.
"이거 안 먹으면 병원에 가서 주사 맞을 거야"
그 말에 애기는 쓴 약을 꿀떡 삼켜요.
좋은 약은 비록 입에는 쓰지만 병을 고치는 데
이롭고, 남이 충고해 주는 말은
비록 귀에는 거슬리지만 몸에 이롭다는 말이에요.

고사성어 [양약고구(良藥苦口)]
좋은 약은 입에 쓰다는 뜻.

96 중이 제 머리를 못 깎는다

이모의 직업은 커플매니저예요.
남자와 여자 짝을 찾아 맺어 주는 일을 해요.
하지만 정작 이모는 아직도 혼자예요.
엄마는 실속 없는 짓을 한다며
혀를 끌끌 차요. 남의 일은 잘 해결해
주면서 자기 일은 해결하지
못할 때 쓰는 말이에요.

비슷한 속담 의사가 제 병 못 고친다.
중이 제 머리를 못 깎는다.
제 팔꿈치는 물지 못한다.

97 쥐구멍에도 볕 들 날 있다

처음으로 아빠가 만든 발명품을 사겠다는 사람이 나왔어요.
"그동안 내 고생이 헛되지 않았어. 살다 보니
이렇게 좋은 일도 있군."
아빠는 뛸 듯이 기뻐했어요.
몹시 고생을 하는 삶도 좋은 운수가
터질 날이 있다는 말이에요.

비슷한 속담 고랑도 이랑 될 날 있다.
개똥밭에 이슬 내릴 때가 있다.

98 지렁이도 밟으면 꿈틀한다

"물 떠 와라, 빵 사 와라, 왜 나한테만 심부름 시키는데!
넌 발이 없니, 손이 없니?" 딸기가 소리를 꽥 질러요.
당연하게 심부름을 시키던 성훈이의 눈이 휘둥그레져요.
아무리 순하고 좋은 사람이라도 너무 업신여기면
가만있지 아니한다는 말이에요.

비슷한 속담 굼벵이도 밟으면 꿈틀한다.
지나가는 달팽이도 밟으면 꿈틀한다.

99 짚신도 제짝이 있다

나중에 커서 성훈이는 자두랑
결혼할 거래요.
돌돌이는 민지랑하구요. 그럼 딸기는요?
나중에 더 좋은 짝이 나타나겠지요.
짚신도 짝이 있다는데 무슨 걱정이에요.
아무리 못난 사람이라도
누구나 제짝이 있다는 말이에요.

비슷한 속담 헌 고리도 짝이 있다.

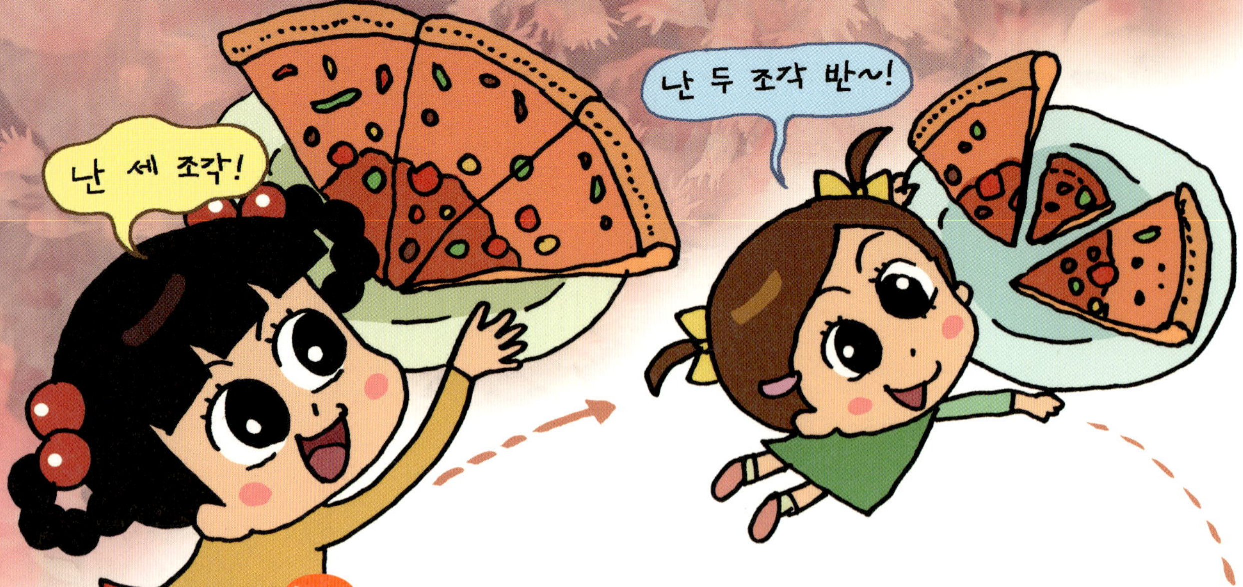

100 찬물도 위아래가 있다

"떽, 못써요. 자두가 큰누나니까 먼저 먹고,
그 다음은 미미, 마지막으로 애기가 먹는 거예요."
아빠가 예절 교육을 해요.
애기는 자기만 미워한다며 엉엉 울어요.
무엇에나 순서가 있으니, 그 차례를 따라
하여야 한다는 말이에요.

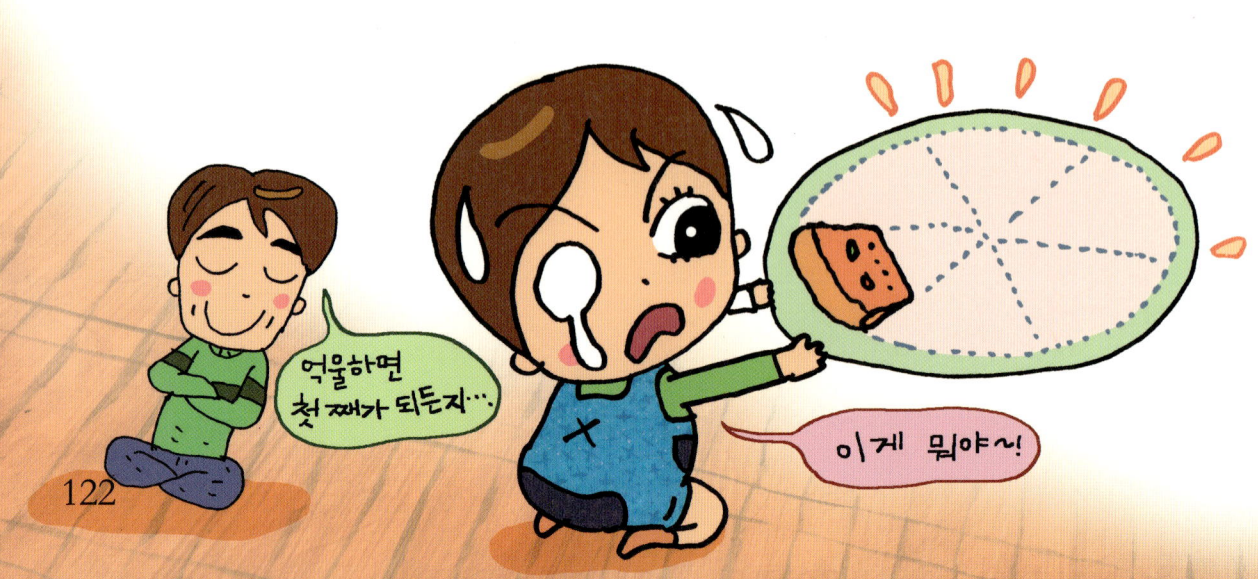

101 참새가 방앗간을 그저 지나랴

쇼핑을 해요. 엄마는 옷, 아빠는 술,
자두는 축구공, 미미는 인형,
애기는 장난감 코너를 꼭 들러요.
애기만 빼놓고 모두 가격표를 보며
한숨을 쉬어요.
자기가 좋아하는 곳은 그대로 지나치지
못한다는 말이에요.

천 리 길도 한 걸음부터

민지는 물을 무서워해요.
"무섭다고 생각하면 평생 수영 못해.
내가 도와줄 테니까 용기를 내."
자두의 말에 민지는 눈 딱 감고
물속으로 뛰어들었어요.
무슨 일이나 그 일의 시작이
중요하다는 말이에요.

고사성어 [등고자비([登高自卑])]
천 리 길도 한 걸음부터라는 뜻.

103 첫술에 배부르랴

"아빠, 난 운동에 소질 없나 봐."
미미가 한숨을 쉬어요.
"하루했다고 금방 늘면 모두 운동선수 되게?
그들도 매일매일 꾸준히 연습해서 그렇게 된 거야."
아빠가 달래 줘요.
어떤 일이든지 한 번에 만족하거나
원하는 결과를 얻을 수 없다는 뜻이에요.

104 초년고생은 사서라도 한다

"요즘 애들은 너무 나약해. 씩씩하게 키워야겠어.
그래서 애들 데리고 마라톤 대회에 나갈 거야."
아빠의 말에 엄마가 걱정해요.
"애들보다 당신이 먼저 쓰러지면 어떡해요?"
젊었을 때 겪은 고생은 장래 발전을 위하여
중요한 경험이 되므로 그 고생을
달게 여기라는 말이에요.

단어의 뜻 [초년] 젊은 시절을 이르는 말.

비슷한 속담 초년고생은 은 주고 산다.
초년고생은 양식 지고 다니며 한다.
젊어서 고생은 금 주고도 못 산다.

고사성어 [수우적강남(隨友適江南)]
친구 따라 강남 간다는 뜻.

105 친구 따라 강남 간다

민지는 하루종일 자두의 뒤를 졸졸 따라다녀요.
"그러다 집까지 같이 가겠다." 윤석이가 놀려도 민지는
계속 자두만 따라다녀요. 민지는 자두의 그림자 같아요.
자기 의지대로 하지 않고 다른 사람이 하는 일을
따라 하는 사람을 두고 하는 말이에요.

강에 사는 동물 속담

01 조개 속의 ㄱ .

02 ㄱ ㄱ ㄹ 도 옴쳐야 뛴다.

03 ㄱ ㅂ ㅇ 등의 털을 긁는다.

04 말하는 ㄴ ㅅ ㅇ

05 의뭉한 ㄷ ㄲ ㅂ 옛말 한다.

06 ㅁ ㄲ ㄹ ㅈ 한 마리가 온 웅덩이를 흐려 놓는다.

07 ㅂ ㄷ ㅊ 가 용 될 수 없다.

08 ㅂ ㅇ 밥알 받아먹듯.

09 고기는 안 잡히고 ㅅ ㅅ ㄹ 만 잡힌다.

10 ㅁ ㄱ 가 눈은 작아도 저 먹을 것은 알아본다.

11 새우로 ㅇ ㅇ 를 낚는다.

12 ㅇ ㄹ ㅇ 속에도 생각이 들었다.

자두의 속담일기 숨은그림찾기

더도 말고 덜도 말고 늘 가윗날만 같아라

OO년 9월 30일 맑음

가윗날은 백곡이 익는 계절인 만큼 모든 것이 풍성하고 즐거운 놀이를 하며 지낸 데서, 잘 먹고 잘 입고 편히 살기를 바라는 말.

찾아보기 기차, 용, 나팔꽃, 원숭이, 우산, 인삼, 마녀모자, 물개, 도끼, 도마뱀, 스푼, 아이스크림, 화분

추석날이다. 작년에는 할머니 댁을 먼저 들렀지만 올해는 외할머니 댁을 먼저 들렀다. 외할머니는 더도 말고 덜도 말고 늘 가윗날만 같아라며 덩실덩실 춤을 추셨다.

106 칼로 물 베기

"흥, 다시는 누나랑 안 놀아." "흥, 그거 누가 할 소린데?"
애기와 미미가 서로 토라져요. 하지만 하루도 안 지나서
둘이는 언제 그랬냐는 듯 친하게 지내요.
다투었다가도 시간이 조금 지나 곧 사이가
다시 좋아지는 경우를 가리키는 말이에요.

비슷한 속담 주먹으로 물 찧기.
양주 싸움은 칼로 물 베기.
부부 싸움은 칼로 물 베기.
동기간 싸움은 칼로 물 베기.
내외간 싸움은 개싸움.

107 콩 심은 데 콩 나고 팥 심은 데 팥 난다

민지는 시험공부를 매일매일 해요.
그래서 100점을 맞았어요. 자두는 시험공부를
딱 하루만 해요. 그래서 50점을 맞았어요.
노력한 만큼 결과가 좋은 법이에요.
모든 일은 원인에 따라서 거기에 걸맞은
결과가 생긴다는 말이에요.

비슷한 속담 배나무에 배 열리지 감 안 열린다.
대 끝에서 대가 나고 싸리 끝에서 싸리가 난다.
오이 덩굴에 오이 열리고 가지 나무에 가지 열린다.

108 콩으로 메주를 쑨다 해도 곧이듣지 않는다

"여보, 다시는 술 안 먹을게. 한 번만 용서해 줘."
아빠가 빌어요. "맨날 자기가 한 약속을 어기는데 어떻게 믿어욧! 차라리 지나가는 똥개 말을 믿지."
엄마가 비웃어요.
아무리 사실대로 말하여도 믿지 않을 때 쓰는 말이에요.

비슷한 속담 찹쌀로 찰떡을 친대도 곧이듣지 않는다.
소금으로 장을 담근다 해도 곧이듣지 않는다.

109 큰 둑도 개미구멍으로 무너진다

자두와 미미가 도미노 쌓기 놀이를 해요. 도미노는 기찻길처럼 점점 길어져요. 안 끼워 줬다고 심통이 난 애기가 한 개를 톡 건드려요. "와르르~!" 순식간에 도미노가 무너졌어요. 작은 결점이라고 등한히 하면 그것이 점점 더 커져서 나중에는 큰 화를 입게 된다는 말이에요.

110 티끌 모아 태산

꼬박꼬박 모은 돼지저금통을 불우이웃돕기 성금으로 냈어요.
동전도 모으니까 큰돈이 되네요. 이 돈은 하루에 한 끼도
못 먹는 아이들을 위해 쓰일 거래요. 참 뿌듯해요.
아무리 작은 것이라도 모이고 모이면 나중에
큰 덩어리가 된다는 뜻이에요.

고사성어 [적진성산(積塵成山)]
티끌 모아 태산이라는 뜻.

비슷한 속담 모래알도 모으면 산이 된다.
실도랑 모여 대동강이 된다.
먼지도 쌓이면 큰 산이 된다.

평안 감사도 저 싫으면 그만이다

"저렇게 무용이 싫다는데 굳이 시킬 필요가 있겠소? 여자답지 못하면 어때요? 자두가 좋아하는 축구 시켜 줍시다. 씩씩해서 좋잖아요." 아빠가 엄마를 설득해요.
아무리 좋은 일이라도 당사자의 마음이 내키지 않으면 억지로 시킬 수 없다는 말이에요.

비슷한 속담 돈피에 잣죽도 저 싫으면 그만이다.

단어의 뜻 [감사] 도의 으뜸 벼슬.
[평안] 평안도. 평안남도와 평안북도를 통틀어 이르는 말.

112 핑계 없는 무덤이 없다

"엄마 때문에 지각한 거라구요."
"동생 때문에 숙제를 못한 거라니까요."
윤석이는 늘 다른 사람 핑계를 대는 게 버릇이 되었어요. 그래서 더 혼나요. 여러 구실을 대서 책임을 회피하려는 행동을 가리키는 말이에요.

113 하늘의 별 따기

"누구네 집 딸은 낙타가 바늘구멍으로
들어가기보다 어렵다는 영재반에 들어갔대."
동창회에 다녀온 엄마가 한숨을 쉬어요.
자식 자랑하는 동창회가 없어졌으면 좋겠어요.
무엇을 얻거나 성취하기가
매우 어려울 때 쓰는 말이에요.

114 하룻강아지 범 무서운 줄 모른다

"나랑 한판 붙어 볼래?" 태권도복을 입은 애기가 겁도 없이 윤석이에게 도전장을 내밀어요. 살살했는데도 발차기 한방에 나가떨어진 애기가 아프다며 엉엉 울어요. 멋모르고 겁 없이 함부로 덤비는 경우를 이르는 말이에요.

고사성어 [일일지구부지외호(一日之狗不知畏虎)] 하룻강아지 범 무서운 줄 모른다는 뜻.

비슷한 속담 비루먹은 강아지 대호를 건드린다. 해변 개 범 무서운 줄 모른다.

이 옷이 무슨 옷인지 알아? 무섭지?

115 한 입으로 두 말 하기

"이제 축구해도 되죠?" 자두가 물어요.
"이것도 점수라고 받아온 거야? 안 돼!"
엄마가 윽박질러요.
"성적이 오르면 해도 된다고 약속하셨잖아요?"
자두가 울상이 되었어요.
말을 이랬다저랬다 할 때 쓰는 말이에요.

고사성어 [일구이언(一口二言)]
한 입으로 두 말을 한다는 뜻.

117 호랑이도 제 말 하면 온다

"어제 언니 방귀 꼈다. 이렇게. 뿍뿌르북쁘뿍뿍."
미미가 방귀 흉내를 내요. 그때 자두가 들어와요.
"방금 네 말 했는데 못 들었니? 큭큭."
성훈이가 자두를 보며 웃어요.
어떤 사람이 없는 데서 그 사람 이야기를 하고 있는데 마침 당사자가 나타나는 경우에 쓰는 말이에요.

비슷한 속담 시골 놈 제 말 하면 온다.
까마귀 제 소리 하면 온다.

119 혹 떼러 갔다가 혹 붙여 온다

"선생님은 하나도 안 뚱뚱해 보여요."
이 말에 선생님이 화났어요.
"결국 내가 뚱뚱하다는 거군.
자유 시간 줄려고 했는데 취소야."
혹 떼려다 더 붙인 혹부리 영감 꼴이 되었네요.
자기의 부담을 덜려고 하다가 다른 일까지도
맡게 된 경우를 이르는 말이에요.

120 황소 뒷걸음치다가 쥐 잡는다

보물찾기 시간이에요. 쓰레기인 줄 알고 주웠는데 보물 쪽지예요. 돌부리에 걸려 넘어졌는데 보물 쪽지가 보이네요. 이러다가 보물 쪽지를 몽땅 다 찾는 거 아닌지 모르겠어요. 어쩌다 우연히 좋은 결과를 얻은 경우에 쓰이는 말이에요.

비슷한 속담 황소 뒷걸음에 잡힌 개구리.

꽃, 열매, 채소 속담

01 ㄱ ㅎ 는 서리를 맞아도 꺾이지 않는다.

02 ㅁ ㅎ 도 한철 국화도 한철.

03 ㅈ ㅁ 꽃에는 가시가 있다.

04 ㅎ ㅂ ㄲ 도 꽃이냐.

05 개밥에 ㄷ ㅌ ㄹ .

06 고추보다 ㅎ ㅊ 가 더 맵다.

07 ㅇ ㅇ 는 씨가 있어도 도둑은 씨가 없다.

08 귓구멍에 ㅁ ㄴ 쪽 박았나.

09 핑계 핑계 ㄷ ㄹ ㅈ 캐러 간다.

10 벌레 먹은 ㅂ ㅊ 잎 같다.

11 ㄱ ㅅ ㄹ 는 귀신도 좋아한다.

12 ㅅ ㅊ 쌈에 고추장이 빠질까

자두의 속담일기
숨은그림찾기

가갸 뒤 자도 모른다
글자를 전혀 깨치지 못하여 무식하거나,
사리에 몹시 어두운 사람을 놀림조로 이르는 말.

○○년 10월 9일 흐림

찾아보기 알약, 마우스, 딸기, 다리미, 물고기, 압정, 청소기, 아이스크림, 삼각자, 학, 다람쥐

한글날이다. 가갸 뒤 자도 모르는 애기를 보면 세종대왕님이 무척 슬퍼하실 것 같다. '에이비시디이에프지'는 알면서 '가갸거겨고교구규'는 모르는 애기가 참 한심하다.

찾아보기

ㄱ으로 시작하는 속담

1. 가까운 이웃이 먼 친척보다 낫다 • 8
2. 가는 날이 장날 • 9
3. 가는 말이 고와야 오는 말이 곱다 • 10
4. 가는 세월 오는 백발 • 11
5. 가다 말면 안 가느니만 못하다 • 12
6. 가랑비에 옷 젖는 줄 모른다 • 13
7. 가랑잎이 솔잎더러 바스락거린다고 한다 • 14
8. 가재는 게 편 • 15
9. 가지 많은 나무에 바람 잘 날 없다 • 16
10. 간에 붙었다 쓸개에 붙었다 한다 • 17
11. 감나무 밑에 누워서 홍시 떨어지기를 기다린다 • 18
12. 같은 값이면 다홍치마 • 19
13. 개구리 올챙이 적 생각 못 한다 • 20
14. 개똥도 약에 쓰려면 없다 • 21
15. 거미도 줄을 쳐야 벌레를 잡는다 • 22
16. 고래 싸움에 새우 등 터진다 • 23

속담이랑 놀자 열두 동물 띠 속담 • 24
자두의 속담 일기 귀신이 곡할 노릇 • 25

17. 고양이 목에 방울 달기 • 26
18. 고양이 보고 반찬 가게 지켜 달라는 격 • 27
19. 공든 탑이 무너지랴 • 28
20. 구더기 무서워서 장 못 담글까 • 29
21. 구렁이 담 넘어가듯 • 30
22. 구슬이 서 말이라도 꿰어야 보배다 • 31
23. 굴러 온 돌이 박힌 돌 뺀다 • 32
24. 굼벵이도 구르는 재주가 있다 • 33
25. 그림의 떡 • 34
26. 길고 짧은 건 대어 보아야 안다 • 35
27. 꼬리가 길면 밟힌다 • 36
28. 꿈보다 해몽이 좋다 • 37
29. 꿩 먹고 알 먹기 • 38
30. 꿩 대신 닭 • 39

속담이랑 놀자 곤충 관련 속담 • 40
자두의 속담 일기 도토리 키 재기 • 41

ㄴㄷㅁ으로 시작하는 속담

31 나 먹기는 싫어도
   남 주기는 아깝다 • 42
32 나쁜 소문은 날아가고
   좋은 소문은 기어간다 • 43
33 낙숫물이 댓돌을 뚫는다 • 44
34 남의 떡이 커 보인다 • 45
35 남의 잔치에 감 놓아라
   배 놓아라 한다 • 46
36 낫 놓고 기역 자도 모른다 • 47
37 낮말은 새가 듣고
   밤말은 쥐가 듣는다 • 48
38 내 코가 석 자 • 49
39 너무 아끼다가 똥 된다 • 50
40 누울 자리 봐 가며 발 뻗어라 • 51
41 누워서 침 뱉기 • 52
42 눈에는 눈, 이에는 이 • 53
43 다 된 죽에 코 빠졌다 • 54
44 달걀로 바위 치기 • 55
45 닭 잡아먹고 오리발 내민다 • 56
46 닭 쫓던 개 지붕 쳐다보듯 • 57

속담이랑 놀자 하늘에 사는 동물 속담 • 58
자두의 속담 일기 수박 겉핥기 • 59

47 돌다리도 두들겨 보고 건너라 • 60
48 되로 주고 말로 받는다 • 61
49 될성부른 나무는
   떡잎부터 알아본다 • 62
50 등잔 밑이 어둡다 • 63
51 떡 줄 사람은 꿈도 안 꾸는데
   김칫국부터 마신다 • 64
52 똥 묻은 개가
   겨 묻은 개 나무란다 • 65
53 뛰는 놈 위에 나는 놈 있다 • 66
54 마른하늘에 날벼락 • 67
55 마파람에 게 눈 감추듯 • 68
56 말 한마디에 천 냥 빚도 갚는다 • 69
57 말이 씨가 된다 • 70
58 못된 송아지 엉덩이에 뿔난다 • 71
59 물에 빠진 놈 건져 놓으니 보따리
   내놓으라 한다 • 72
60 믿는 도끼에 발등 찍힌다 • 73

속담이랑 놀자 나무 관련 속담 • 74
자두의 속담 일기 피는 물보다 진하다 • 75

속담을 빨리 찾을 수 있지롱~.

ㅂㅅㅇ으로 시작하는 속담

61 바늘 가는 데 실 간다 • 76
62 바늘 도둑이 소 도둑 된다 • 77
63 발 없는 말이 천 리 간다 • 78
64 방귀 뀐 놈이 성낸다 • 79
65 배보다 배꼽이 더 크다 • 80
66 백지장도 맞들면 낫다 • 82
67 벼 이삭은 익을수록
   고개를 숙인다 • 83
68 불난 집에 부채질한다 • 84
69 빈 수레가 요란하다 • 85
70 빛 좋은 개살구 • 86
71 사공이 많으면 배가 산으로 간다 • 87
72 사촌이 땅을 사면 배가 아프다 • 88
73 생일날 잘 먹으려고 이레를 굶는다 • 89
74 서당 개 삼 년이면 풍월을 읊는다 • 90
75 세 살 버릇 여든까지 간다 • 91

속담이랑 놀자 바다에 사는 동물 속담 • 92
자두의 속담 일기 만나자 이별 • 93

76 소 잃고 외양간 고친다 • 94
77 쇠귀에 경 읽기 • 95
78 싸움은 말리고 흥정은 붙이랬다 • 96
79 싼 것이 비지떡 • 97
80 아니 땐 굴뚝에 연기 날까 • 98
81 아닌 밤중에 홍두깨 • 99
82 어물전 망신은 꼴뚜기가 시킨다 • 100
83 열 번 찍어 아니 넘어가는
   나무 없다 • 101
84 우는 아이 젖 준다 • 102
85 우물에 가 숭늉 찾는다 • 103
86 우물을 파도 한 우물을 파라 • 104
87 원수는 외나무다리에서 만난다 • 106
88 원숭이도 나무에서 떨어진다 • 107
89 윗물이 맑아야 아랫물이 맑다 • 108
90 이 없으면 잇몸으로 산다 • 109

속담이랑 놀자 땅에 사는 동물 속담 • 110
자두의 속담 일기 금강산도 식후경 • 111

ㅈㅊㅋㅌㅍㅎ으로 시작하는 속담

- 91 자라 보고 놀란 가슴 솥뚜껑 보고 놀란다 • 112
- 92 작은 고추가 더 맵다 • 113
- 93 제 똥 구린 줄 모른다 • 114
- 94 제비는 작아도 강남 간다 • 115
- 95 좋은 약은 입에 쓰다 • 116
- 96 중이 제 머리를 못 깎는다 • 117
- 97 쥐구멍에도 볕 들 날 있다 • 118
- 98 지렁이도 밟으면 꿈틀한다 • 120
- 99 짚신도 제짝이 있다 • 121
- 100 찬물도 위아래가 있다 • 122
- 101 참새가 방앗간을 그저 지나랴 • 123
- 102 천 리 길도 한 걸음부터 • 124
- 103 첫술에 배부르랴 • 125
- 104 초년고생은 사서라도 한다 • 126
- 105 친구 따라 강남 간다 • 127

속담이랑 놀자 강에 사는 동물 속담 • 128
자두의 속담 일기 더도 말고 덜도 말고 늘 가윗날만 같아라 • 129

- 106 칼로 물 베기 • 130
- 107 콩 심은 데 콩 나고 팥 심은 데 팥 난다 • 131
- 108 콩으로 메주를 쑨다 해도 곧이듣지 않는다 • 132
- 109 큰 둑도 개미구멍으로 무너진다 • 133
- 110 티끌 모아 태산 • 134
- 111 평안 감사도 저 싫으면 그만이다 • 136
- 112 핑계 없는 무덤이 없다 • 137
- 113 하늘의 별 따기 • 138
- 114 하룻강아지 범 무서운 줄 모른다 • 139
- 115 한 입으로 두 말하기 • 140
- 116 호랑이 없는 골에 토끼가 왕 노릇 한다 • 141
- 117 호랑이도 제 말하면 온다 • 142
- 118 호박이 넝쿨째로 굴러떨어졌다 • 143
- 119 혹 떼러 갔다가 혹 붙여 온다 • 144
- 120 황소 뒷걸음치다가 쥐 잡는다 • 145

속담이랑 놀자 꽃, 열매, 채소 속담 • 146
자두의 속담 일기 가갸 뒤 자도 모른다 • 147

국어 교과서(3학년 2학기)에서 안녕 자두야 를 만나세요!

몰래 하는 모든 것은 재미있어요!

선생님 몰래, 엄마 몰래, 친구 몰래
혼자만 간직하고 싶은 이야기가 가득합니다.

쉿! 비밀이야 시리즈 | 각 권 값 9,000원 | 올컬러

① 쉿! 비밀이야 선생님 몰래
② 쉿! 비밀이야 엄마 몰래
③ 쉿! 비밀이야 친구 몰래
④ 쉿! 비밀이야 아무도 몰래

조상들의 삶의 지혜를 배울 수 있는 교양서

수수께끼를 풀다 보면 전통의
가치를 스스로 배우게 됩니다!

수수께끼랑 놀자 시리즈 | 각 권 값 10,000원 | 올컬러

① 우리 문화유산에는 어떤 수수께끼가 담겨 있을까?
② 우리 전통 과학에는 어떤 수수께끼가 담겨 있을까?
③ 우리 명절에는 어떤 수수께끼가 담겨 있을까?
④ 불가사의 세계 문화유산 수수께끼
⑤ 국경일에는 어떤 수수께끼가 담겨 있을까?

아이들의 상상력에 날개를 달아 주는 이야기!

주변의 익숙한 것들이 사라지는 상상을 통해
일상의 소중함을 깨우쳐 줍니다!

수상한 일기장 시리즈 | 각 권 값 9,000원 | 올컬러
황당한 일기장 | 값 9,000원 | 올컬러

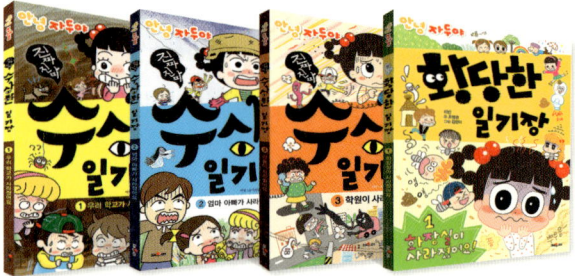

① 우리 학교가 사라졌어요!
② 엄마 아빠가 사라졌어요!
③ 학원이 사라졌어요!

화장실이 사라졌어요!

재미 솔솔~ 지식 쑥쑥! 역사의 흐름이 한눈에 보인다!

각 시대의 인물, 사건, 제도, 생활 모습 등을
구분하여 설명했기 때문에 역사의 흐름을
단숨에 파악할 수 있습니다.

역사 일기 시리즈 | 각 권 값 9,500원 | 올컬러

① 두근두근 역사 일기 [조선 시대]
② 콩닥콩닥 역사 일기 [고려 시대]
③ 갈팡질팡 역사 일기 [삼국 시대]

*〈안녕 자두야〉 시리즈는 계속 출간됩니다.